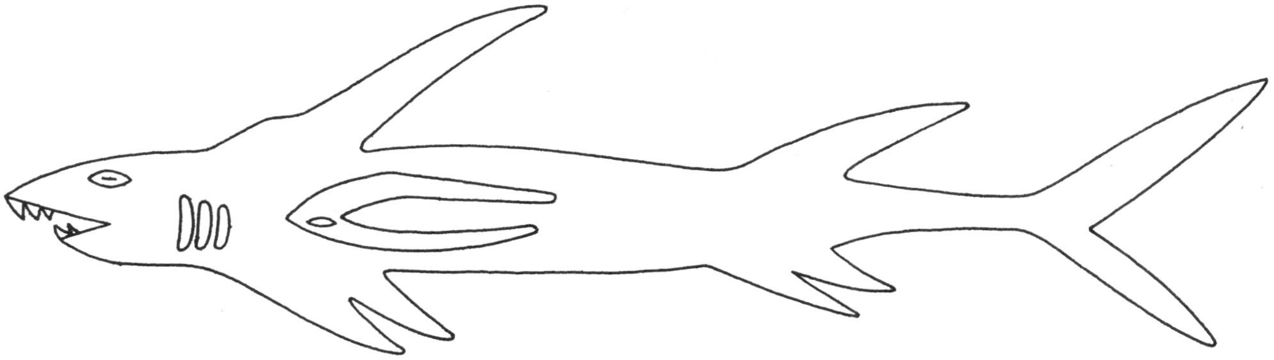

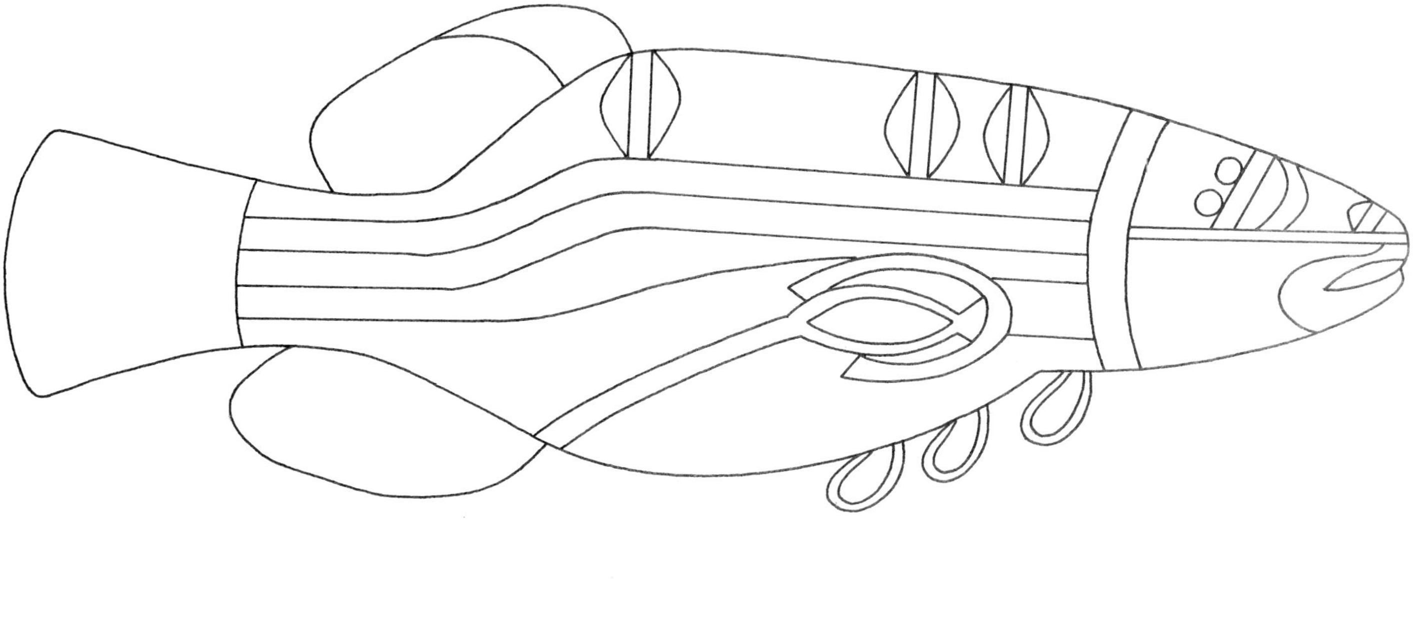

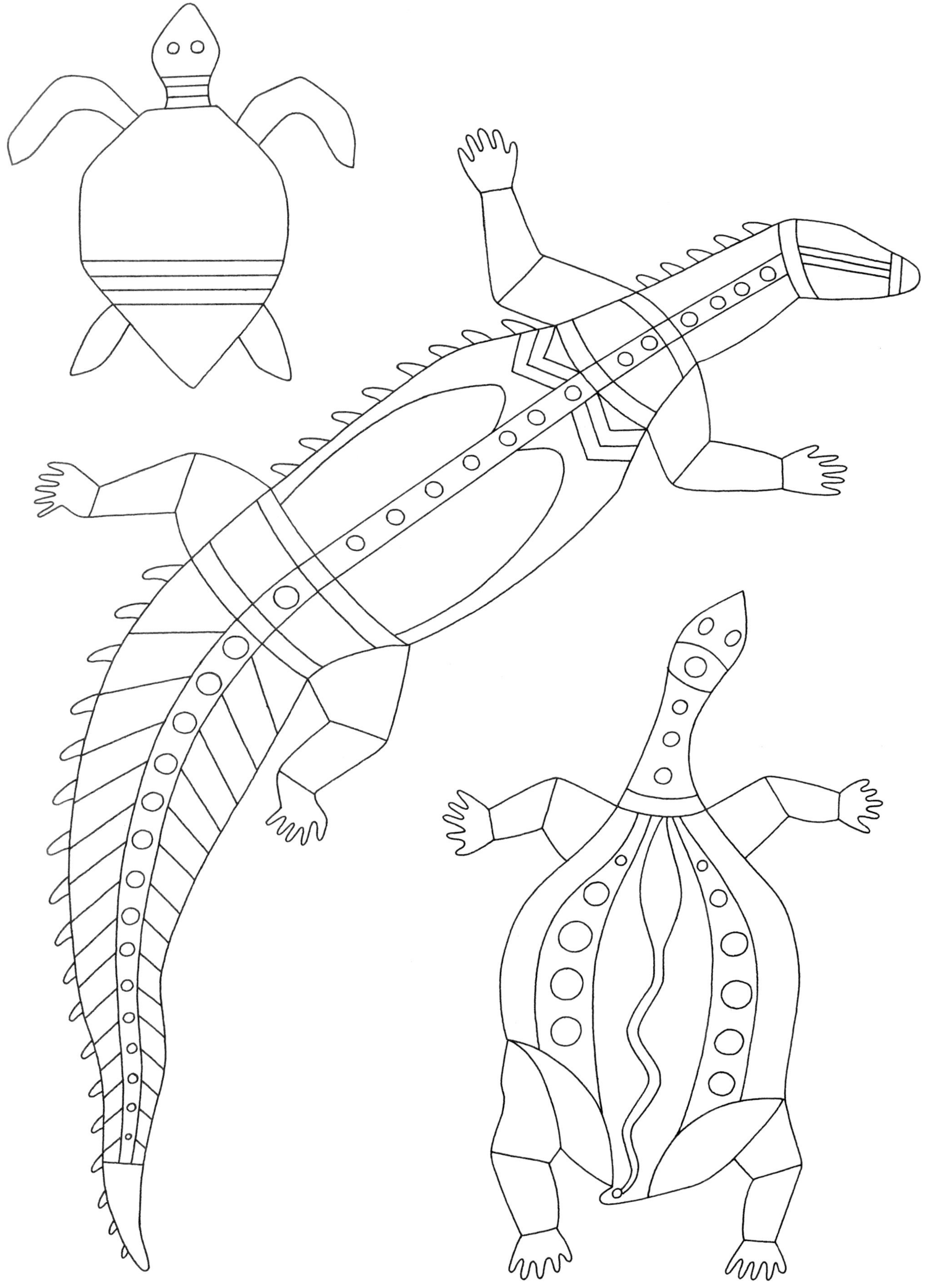

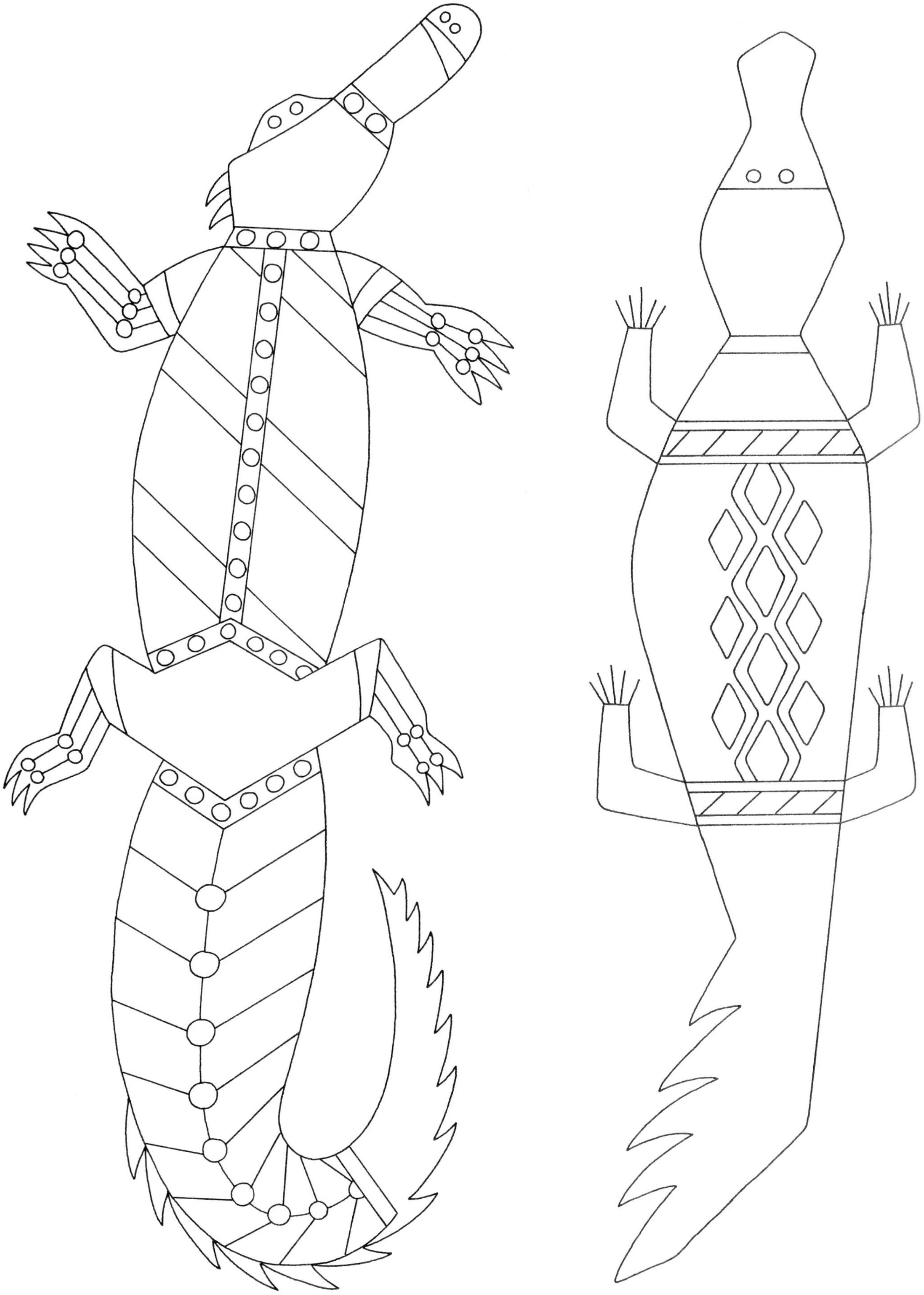

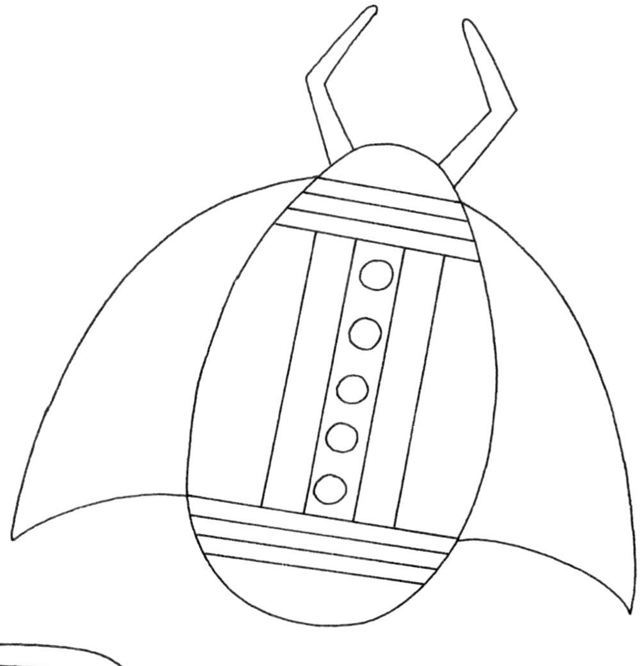

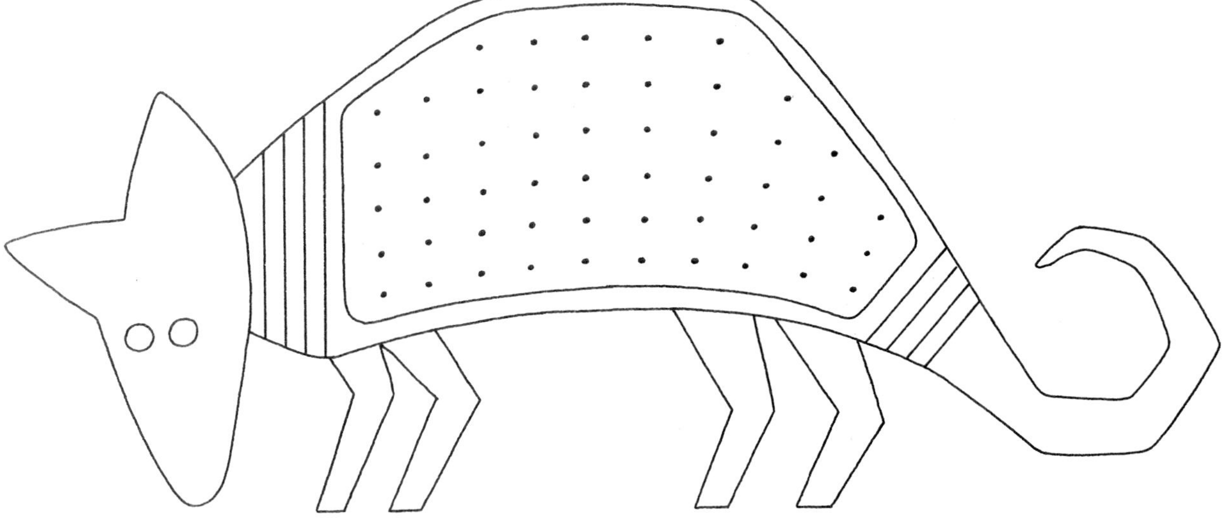

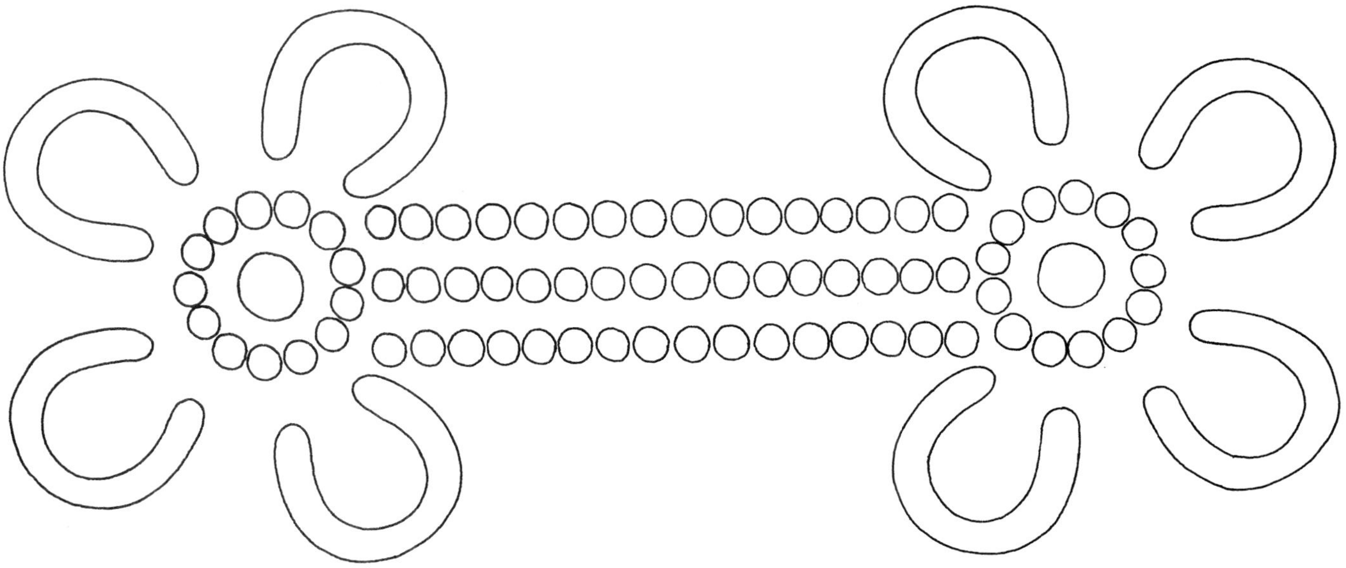

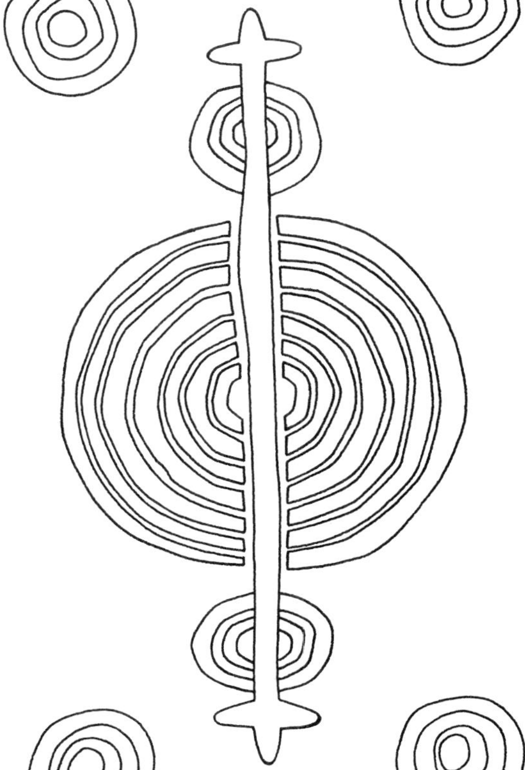

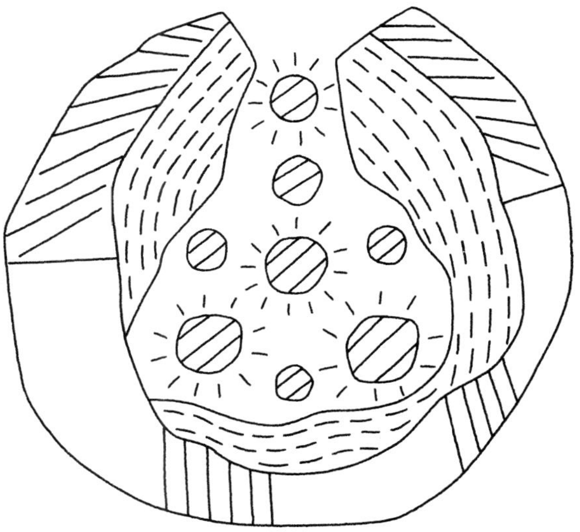

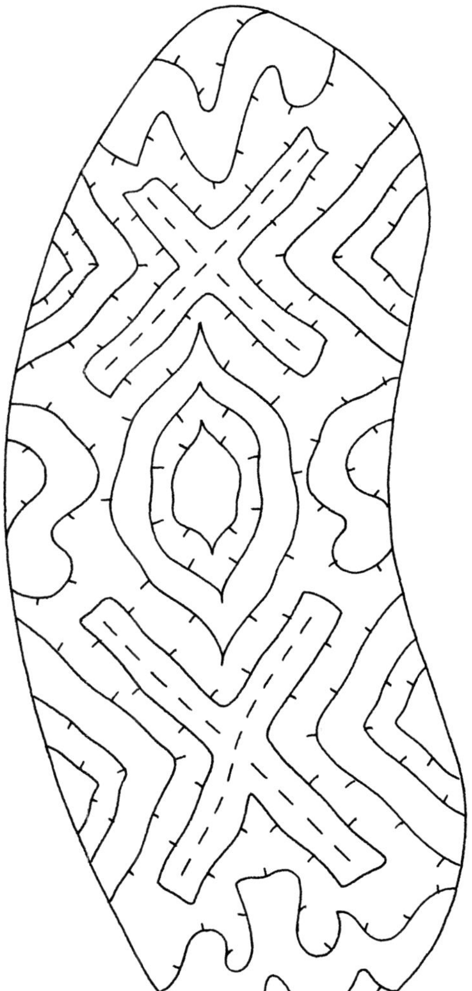

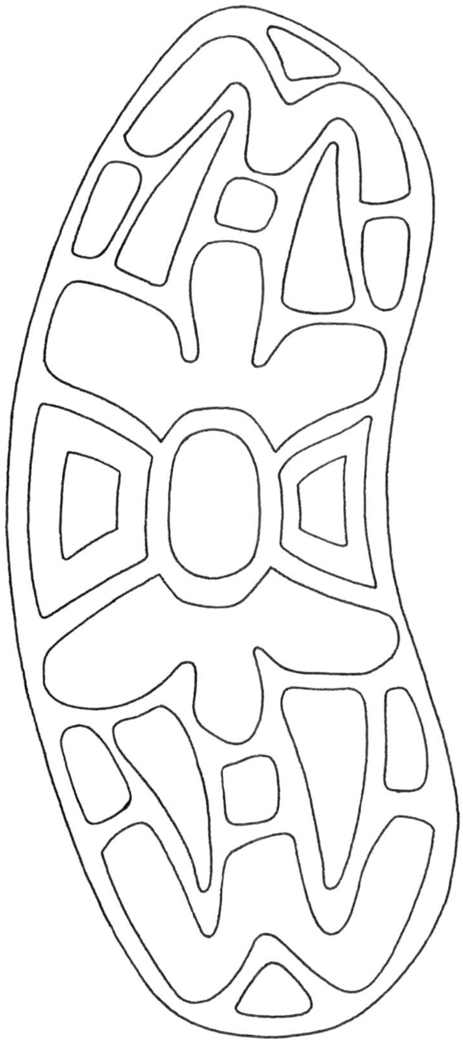

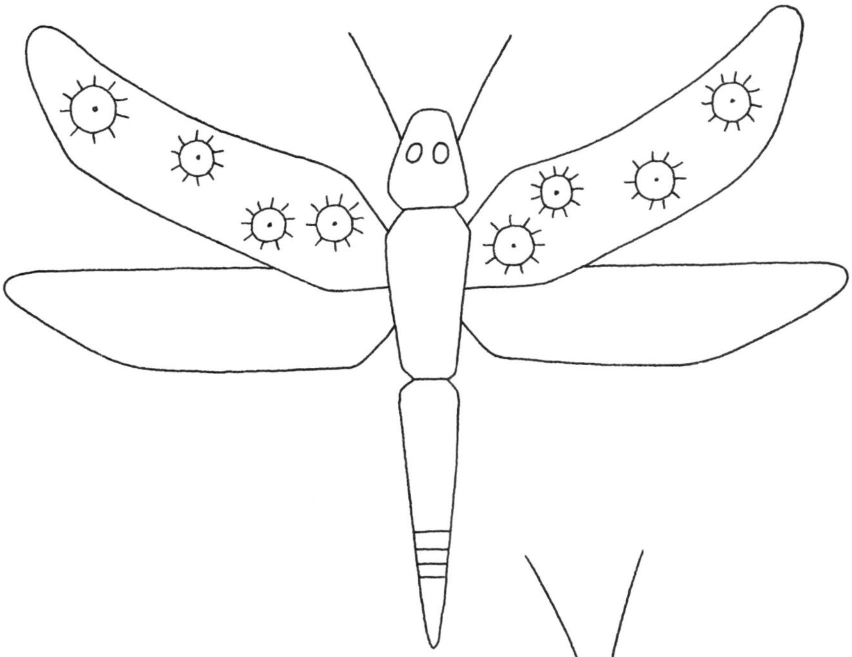
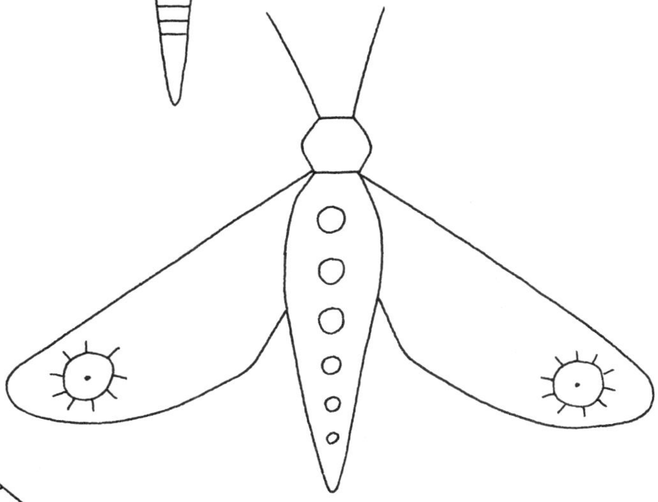
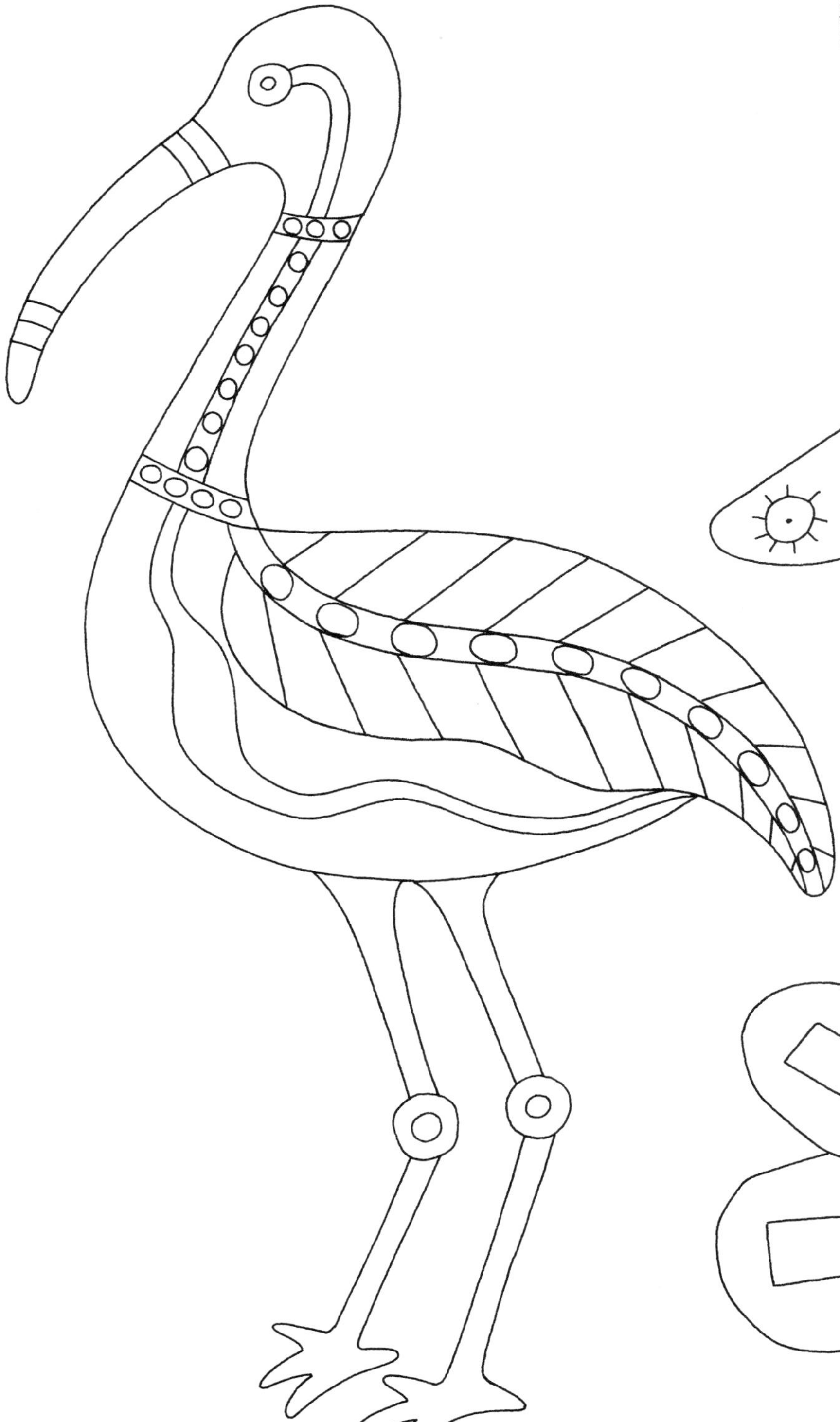
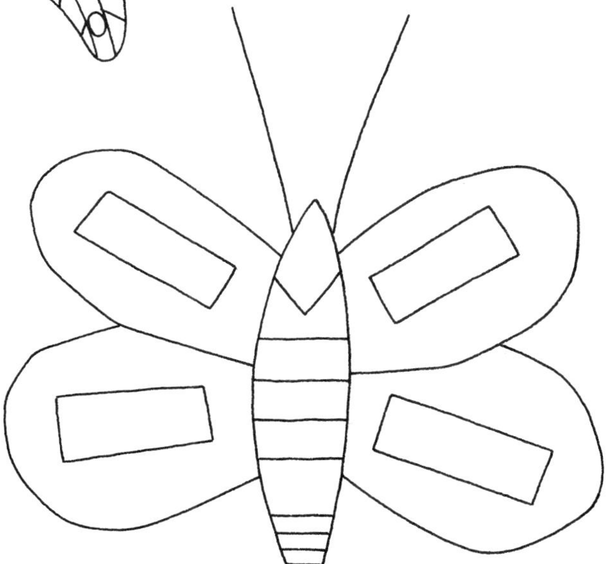

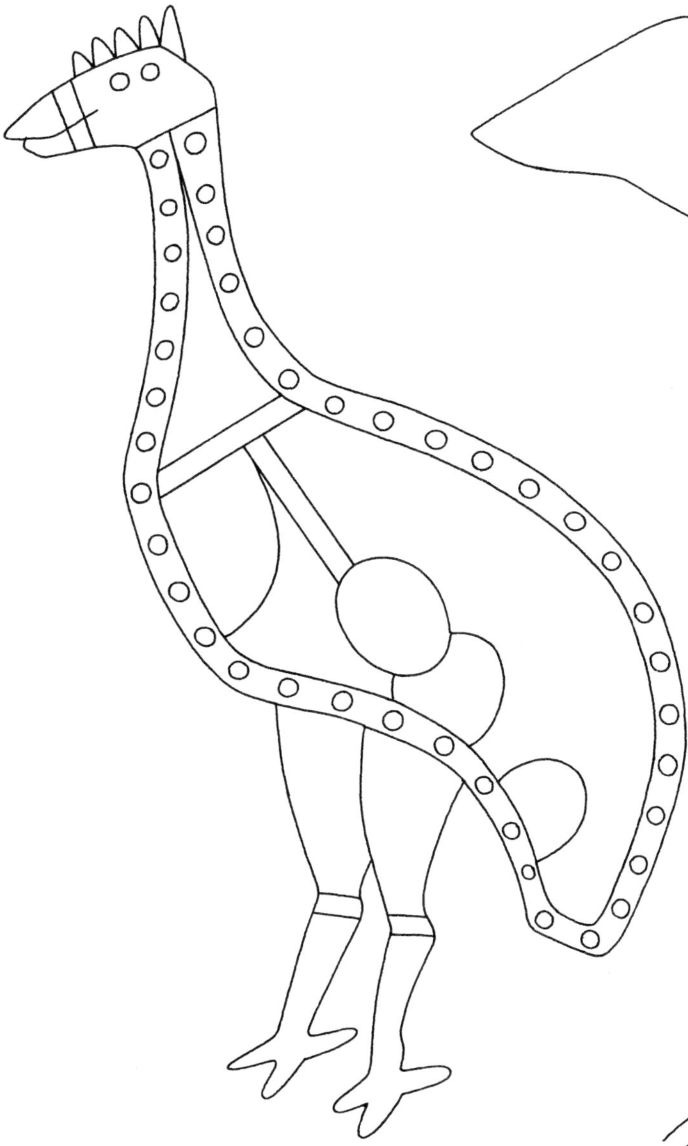

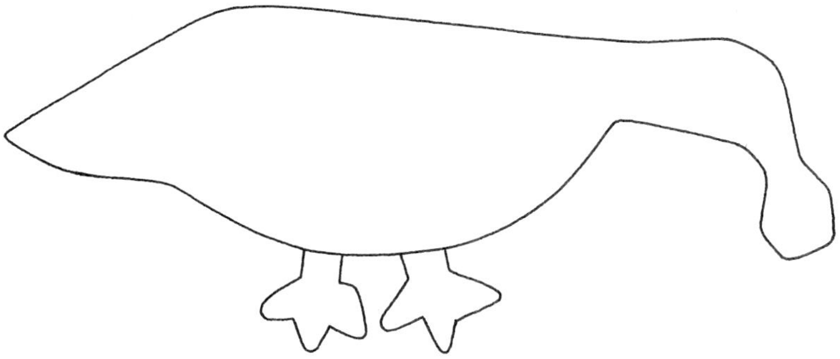

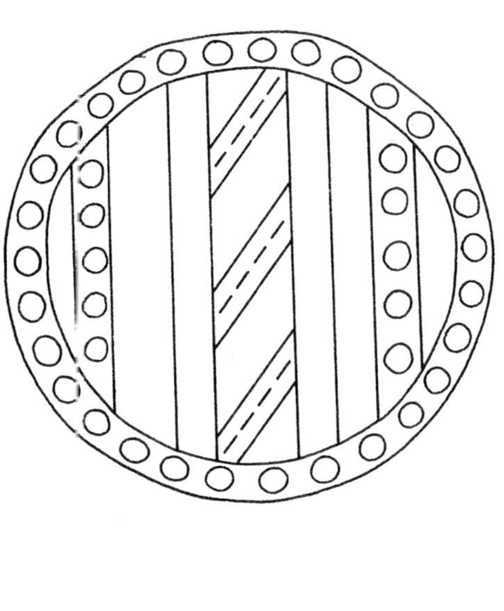

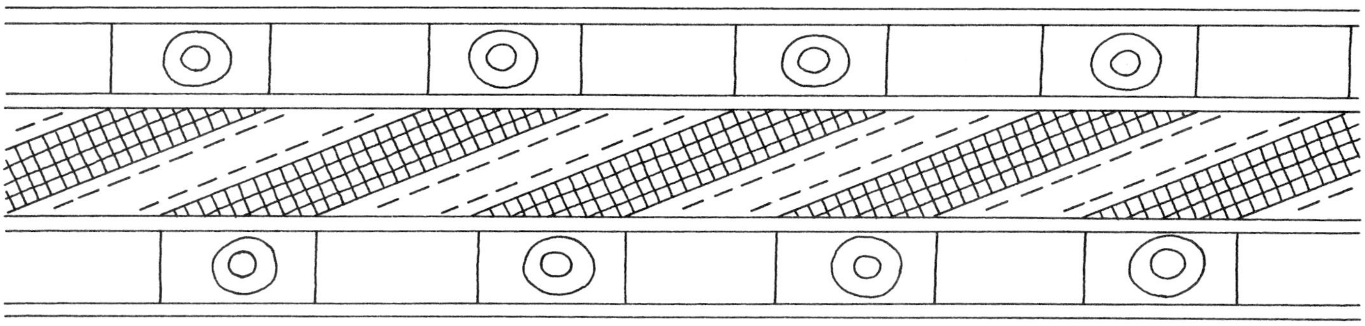

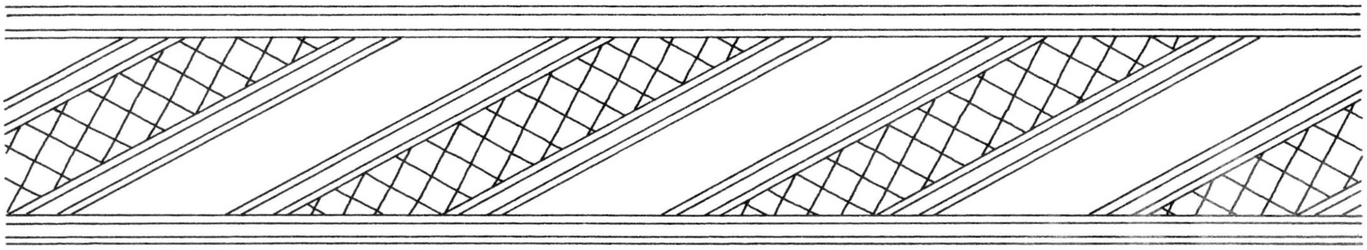

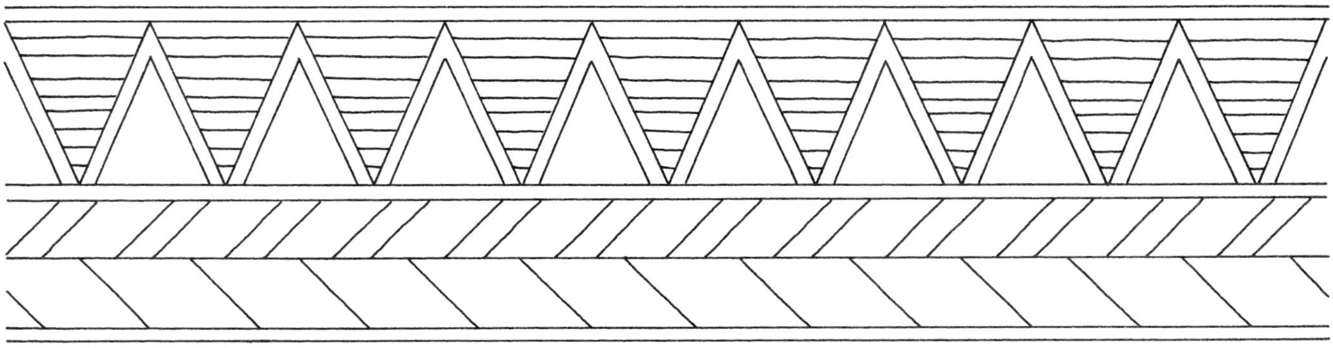

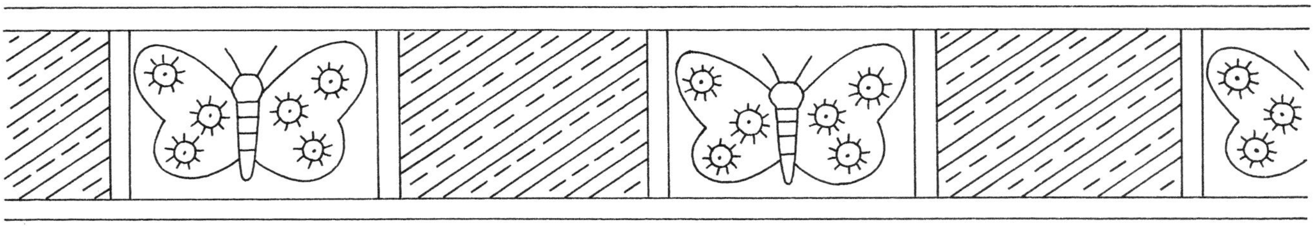

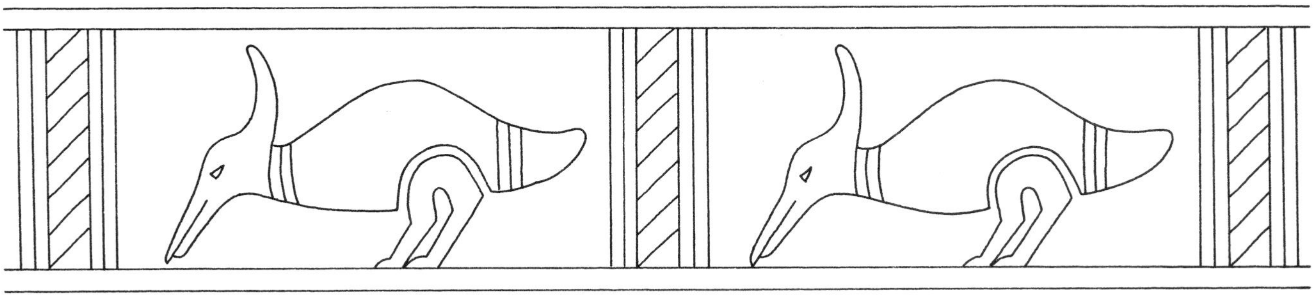

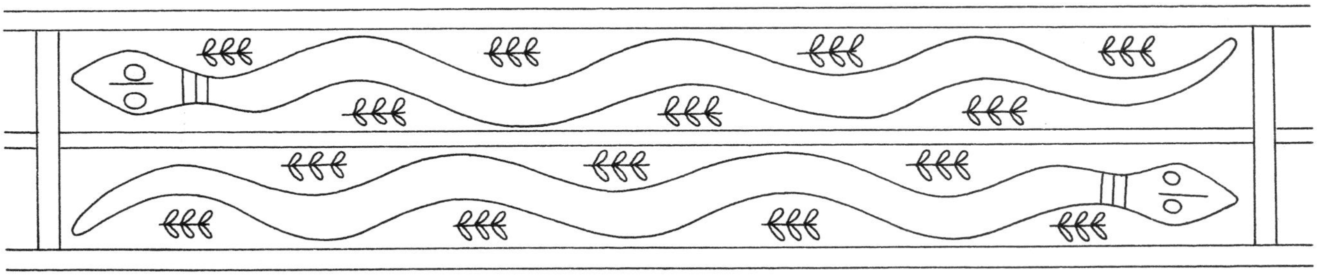

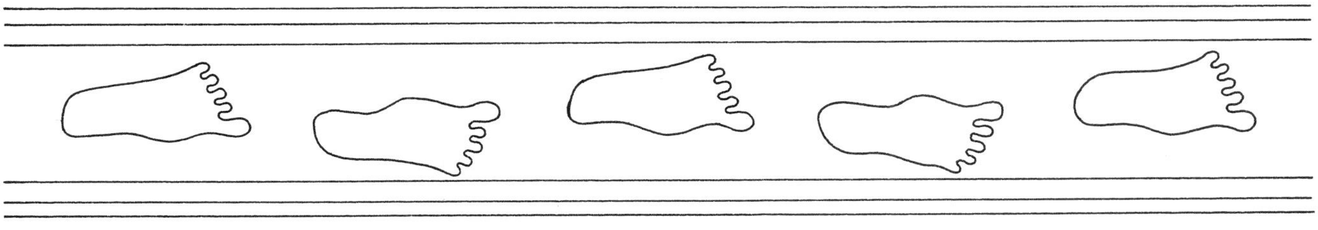

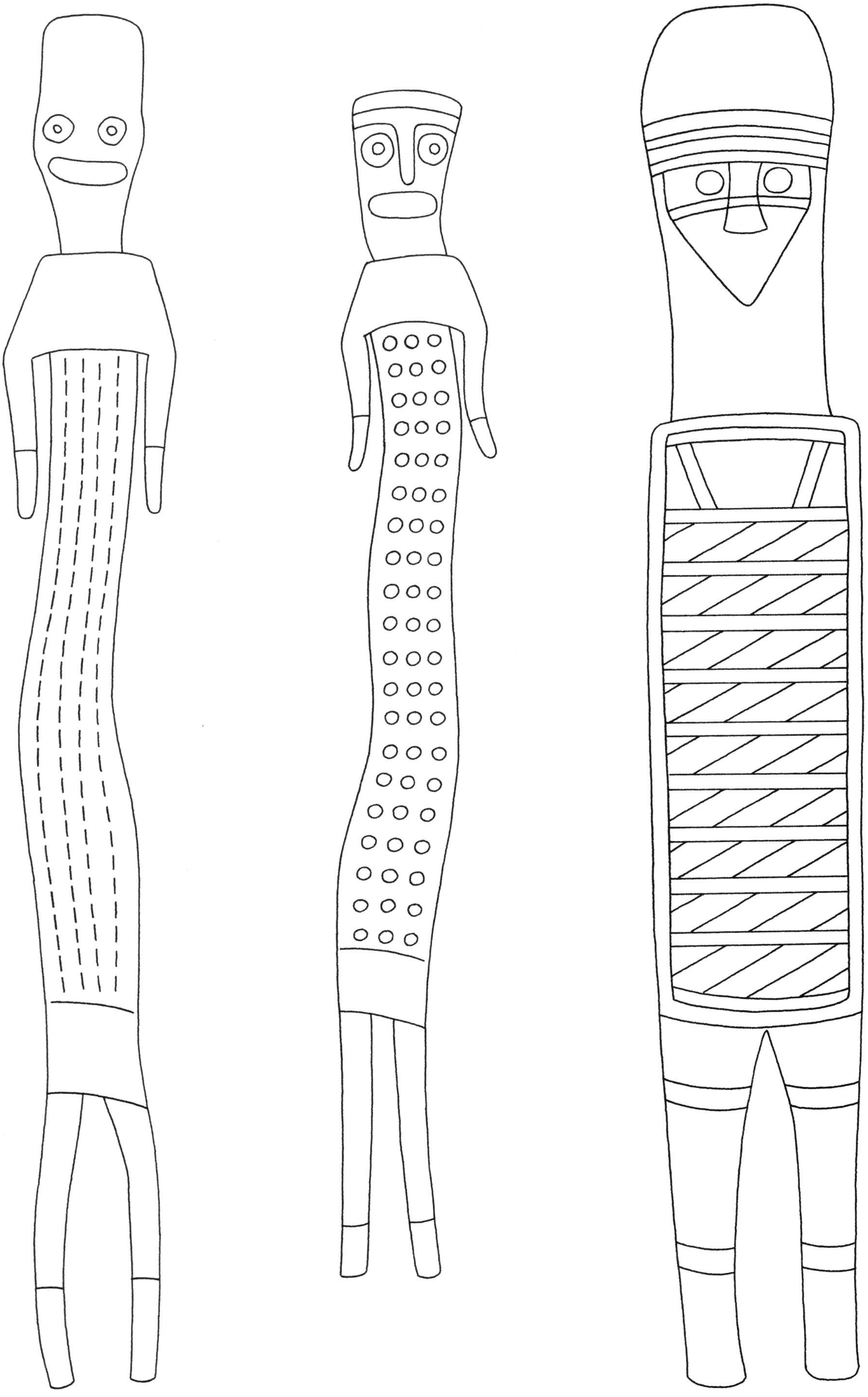

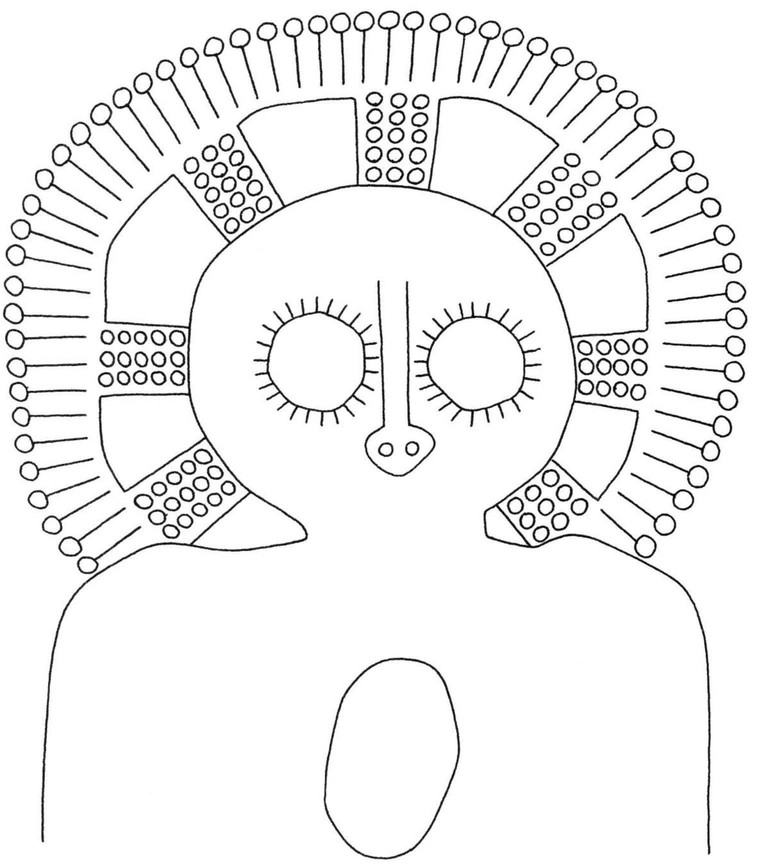

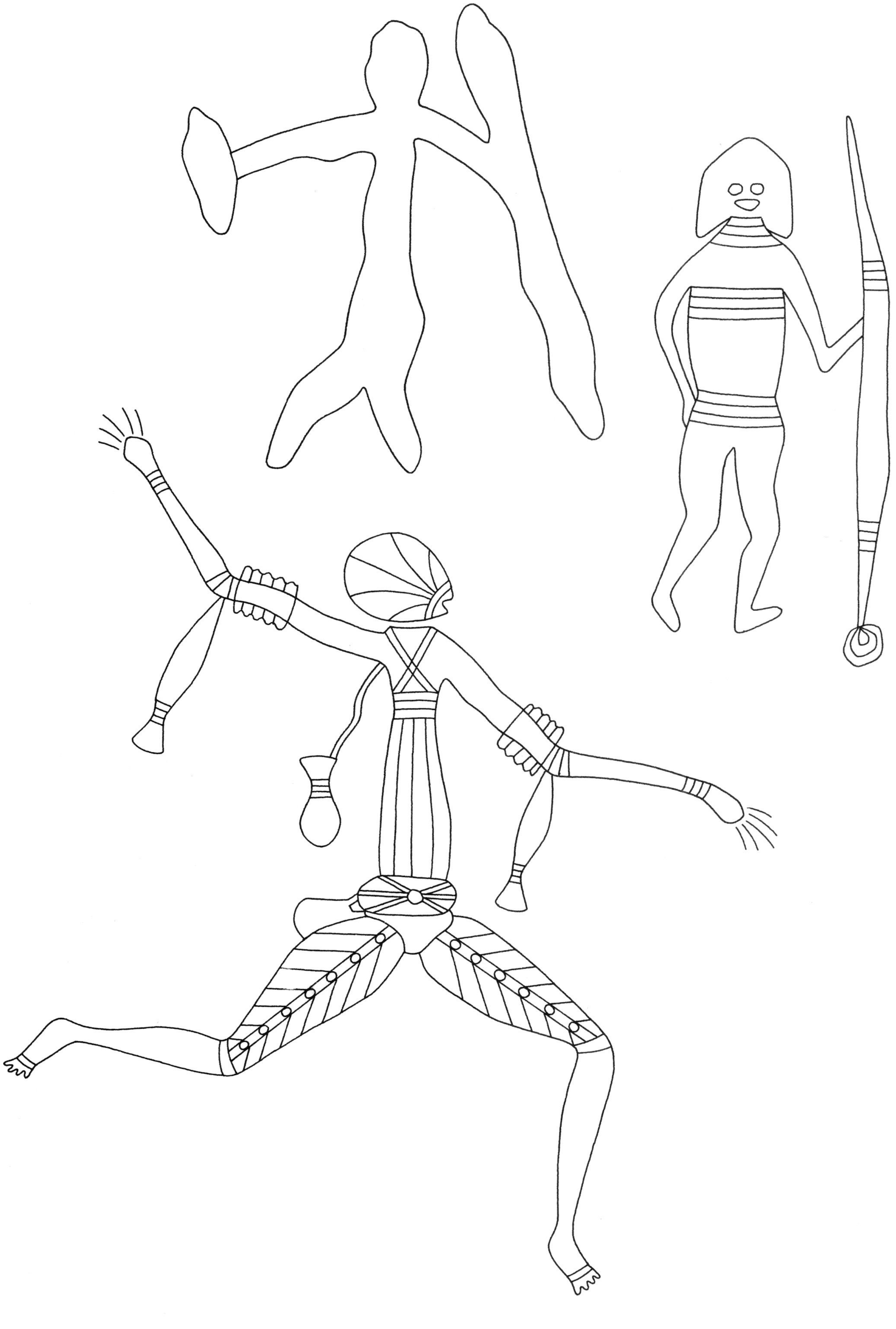

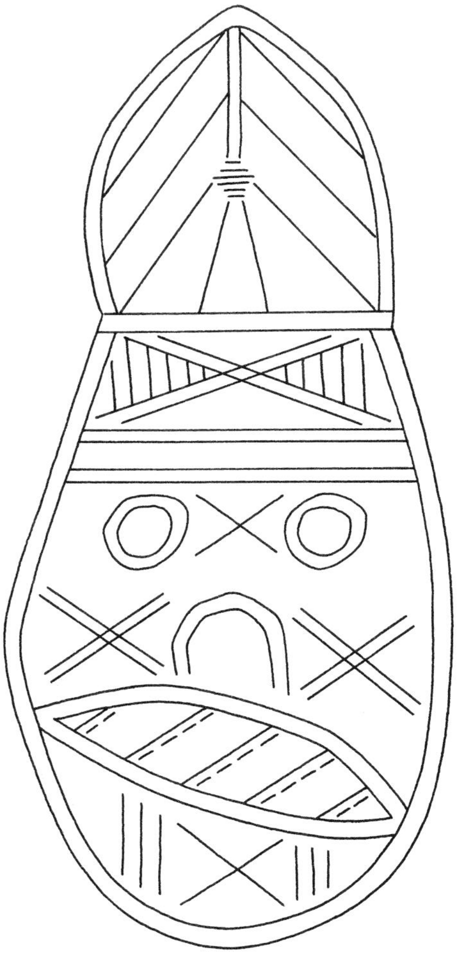

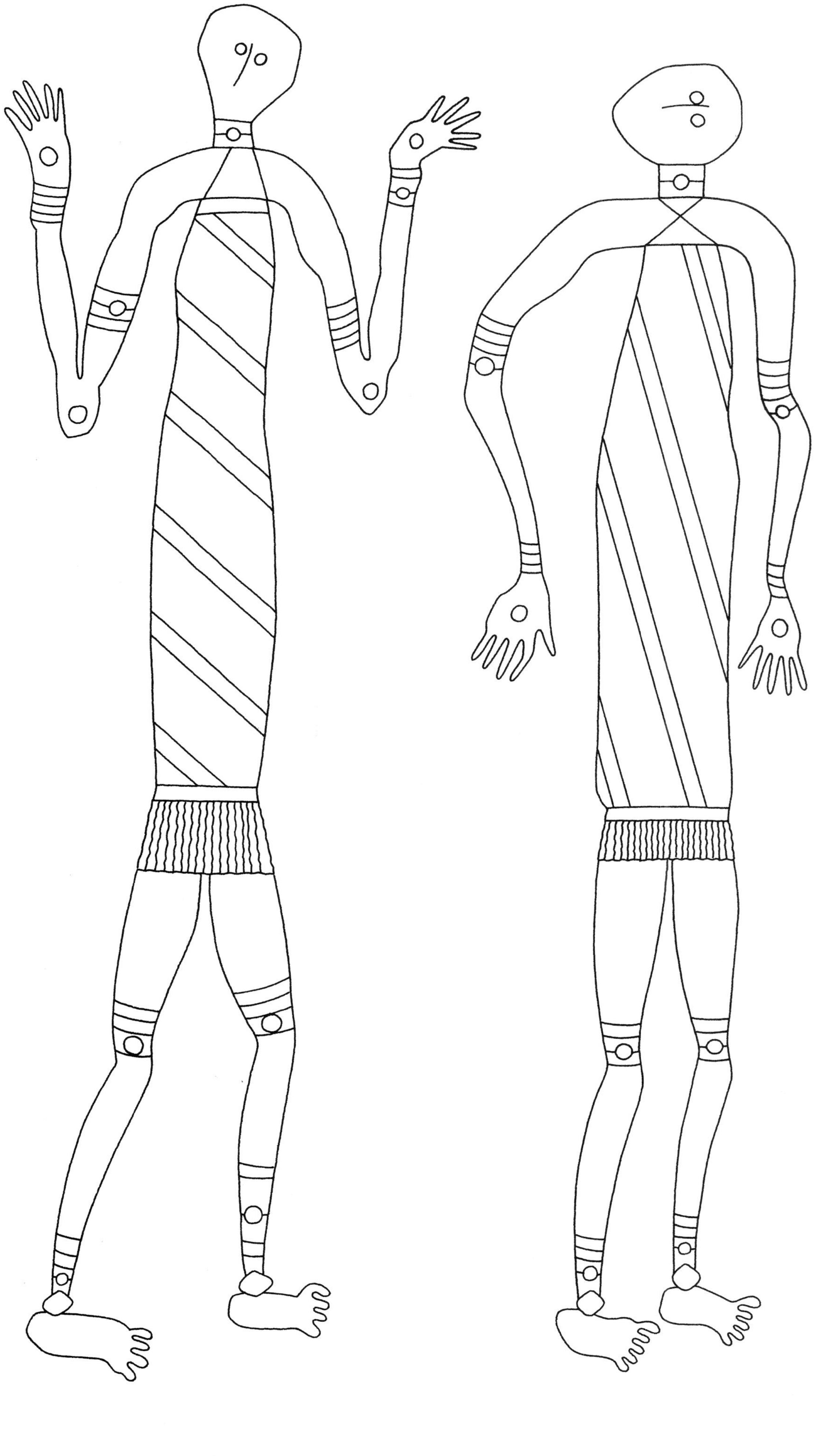

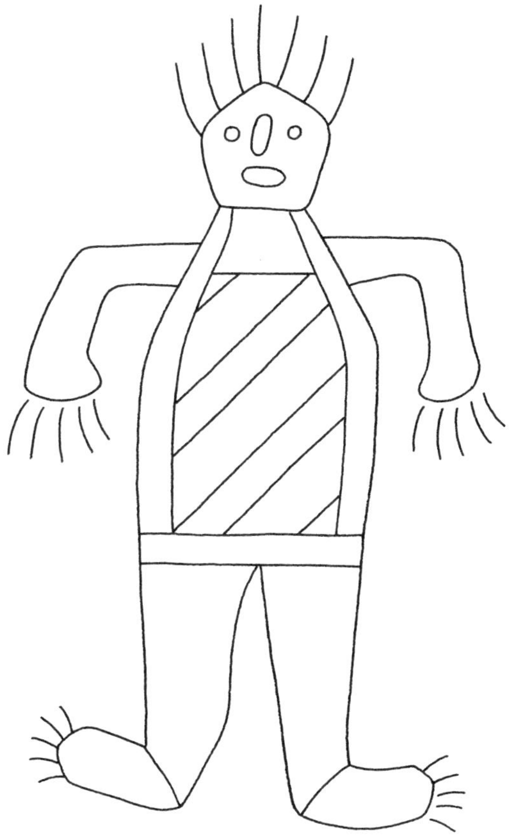
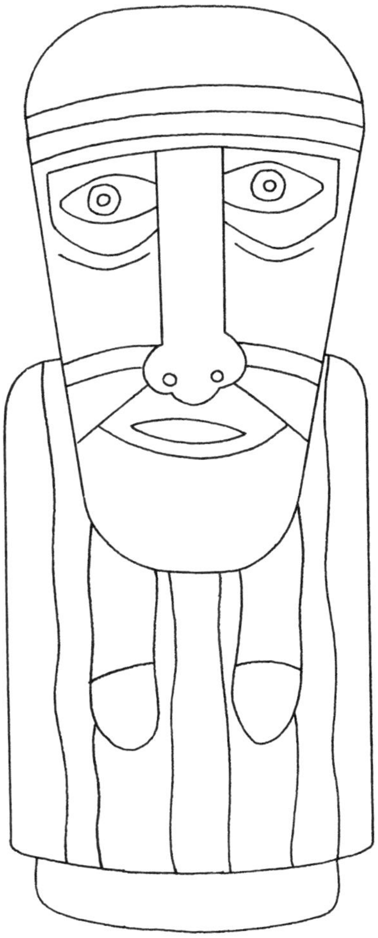

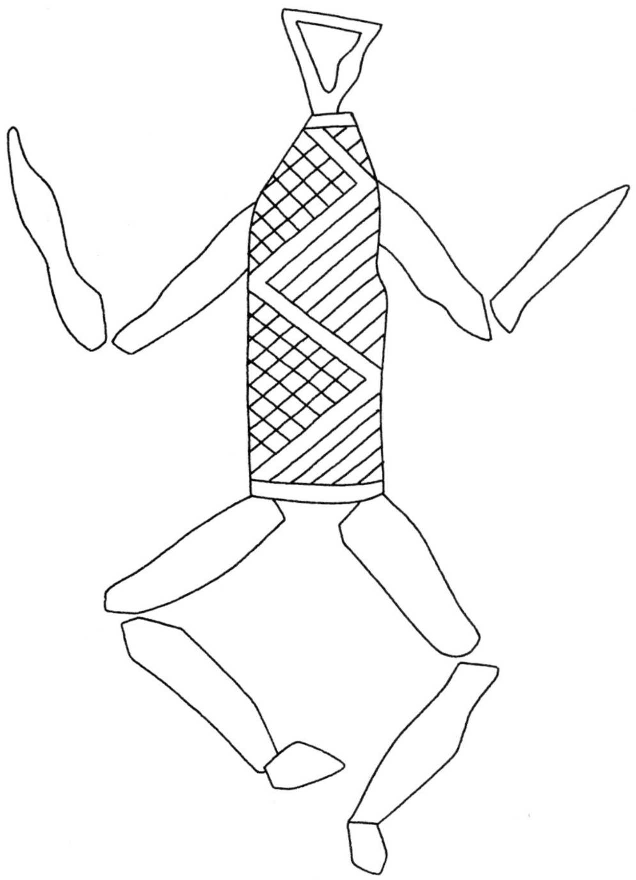
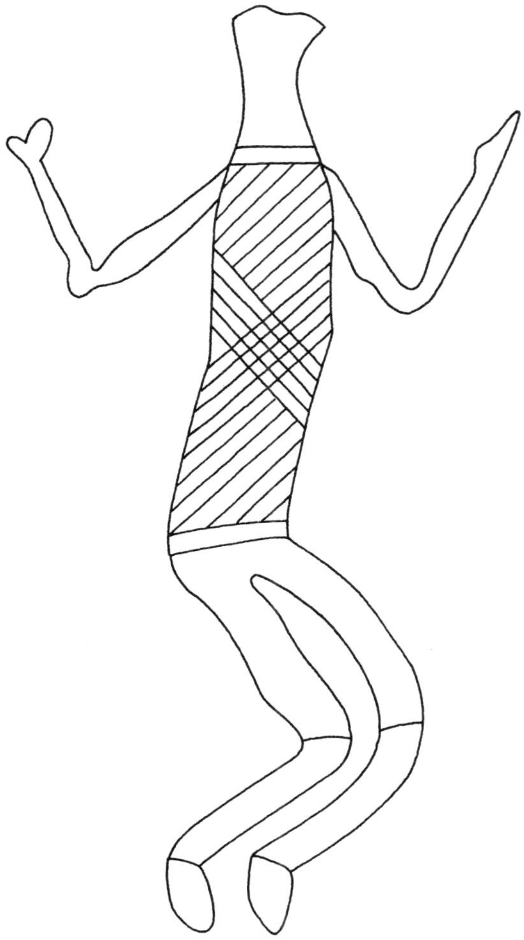

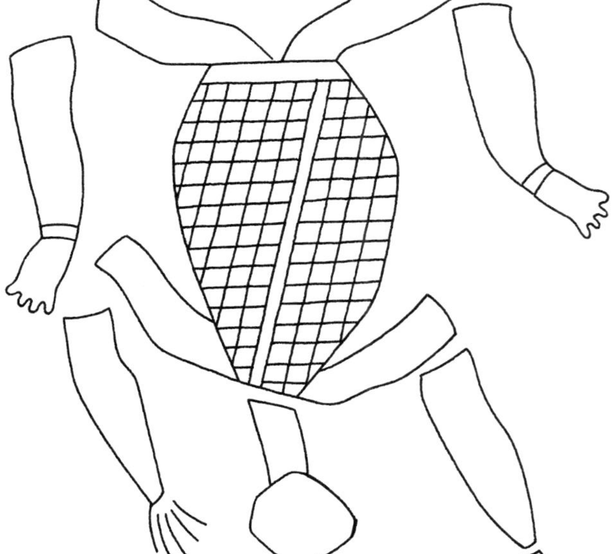